Raquel
Vázquez

NODO NORTE

Raquel
Vázquez

NODO
NORTE

PRÓLOGO
Roger Wolfe

NODO NORTE

Raquel Vázquez

♦

Colección: Letra Bastarda, 43

Primera edición: junio 2026

♦

♦

Dirección editorial: Ángelo Néstore

Diseño: Martín de Arriba

Maquetación: Letraversal

Ayuda a la edición: Noa González Sirgado

♦

ISBN: 979-13-990984-8-8

THEMA: DC DCF

Depósito legal: MA 625-2026

♦

Impreso en España por Safekat · *Printed in Spain*

Bajo el cuidado de Rubén González Domínguez

♦

♦

Esta obra ha recibido una ayuda a su creación del Ministerio de Cultura - Dirección General del Libro, del Cómic y de la Lectura.

♦

LETRAVERSAL

www.letraversal.co

El nodo norte era el azul.
Gracias por todos los cielos desplegados,
por los que tal vez vendrán.
Gracias por la luz, siempre, pase lo que pase.

La música de Raquel Vázquez

Raquel Vázquez es amante de la música y música ella misma. En *Nodo norte* plasma con compleja elocuencia esta realidad. Digo «compleja» porque el poemario no es de fácil lectura; más que abrirse al lector, esta sináptica malla de versos, entrelazados como filamentos de melodías electrónicas surgidas, en atómicos chorros, de un fondo de *ruido blanco*, exige que los lectores abran a él los tímpanos de su sensibilidad, y dejen fluir por sus oídos los pulsos del *logos* de la poeta.

«Deseé arañar el brillo del metal de la noche —nos dice la autora—, y herir las estrellas hasta que me entregaran de rodillas su llave.» Esa llave —*that magic key*— podrían encerrarla en sus vertiginosas órbitas los planetas, a cuya órfica invocación asistimos en la primera sección del libro, encabezada por el Sol y la Luna, que ceden luego paso a un galáctico desfile en absoluto indigno de Gustav Holst: entre *allegros*, *andantinos*, *moderatos*, *allegretos*, *vivaces*, *prestos* y *andantes*, vamos navegando los vastos confines en que flotan, en una suerte de cuántico equilibrio milagroso y fatal, Mercurio, Venus, Marte, Júpiter, Saturno, Urano, Neptuno y Plutón. En algún remoto tramo de nuestra singladura, habremos columbrado a John Cage pergeñando silencios en un cósmico escenario, aureolado de polvo estelar, mientras en dos minutos y treinta y cuatro solemnes segundos deglutía, a cámara lenta y como visto debajo del agua, una manzana: esa es la gran obra del maestro, de la que bebe y se nutre esta poesía, cuya esencia discurre por los pentagramas de un mutismo estridente y agonístico que amordaza el aliento.

En la segunda sección del libro entramos en «Signos», un puñado de poemas breves, cristalizados, de finas aristas de diamante que cortan con la lacerante intensidad a la que Mallarmé, cuando habló de «la página vacía, defendida por su blancura», ya hizo en su día indirecta referencia. Temible esfuerzo solitario, el de la palabra, eternamente condenada a reproducir el reflejo sangrante de su herida en la inerte superficie del papel. «El poema es el amor realizado del deseo que permanece como deseo», afirma René Char, a quien Raquel Vázquez cita para luego añadir:

en las palabras
la distancia se quiebra
deseo fútil
|manchado| con las sílabas
|planchado|
en el papel expirante

Y sin embargo, esa palabra:

se atreve a fluir
y armoniza el lenguaje
él es la llave
que inventa cada |puerta|
|puente|
y el silencio al fin basta

¡Pero el silencio nunca basta! La propia poeta, como a pesar de sí misma, nos lo recuerda, poniendo el vislumbre en boca de Olga Orozco: «Si consigues pasar, encontrarás detrás, una tras otra, las puertas que elegiste».

Puertas —*doors of perception*— del siguiente capítulo del poemario, muy oportunamente titulado «Casas», en clara alusión a las doce moradas del zodíaco. Recorriendo estos fulgurantes domicilios astrales, el verbo de la autora deviene tromba neo-ultraísta alrededor de la cual circula y se derrama, como un eco en cascada, una voz que podría ser la de Vicente Huidobro: «la vida se deshoja dices adiós y los ojos se cierran en este invierno que sólo es un invierno más lo que sucede un invierno más antes de que todo vuelva a abrirse».

Tras las «casas», la consumación y el desenlace: «Nodo norte», una elegía de aire cibernético, en forma de epílogo y despedida, que complementa y redondea la pieza titulada «Nodo sur» —con la que se inauguraba el poemario—, y le presta además su nombre al libro en su conjunto. Y aquí, en el *punto omega* de la travesía, nos topamos precisamente con Altazor, cuyo «grito se desmiembra como el agua que gime por las fuentes».

Si en todo buen poema se esconde, como dijo Lorca, un puñal, este libro de Raquel Vázquez alberga un universo de puñales de múltiples filos y puntas, que se clavan uno a uno sobre los infinitos *nodos* de una inconmensurable radiografía del corazón. «La vida es jurisdicción de lo invisible y el silencio», reza el postrer verso-latigazo del volumen. Pero en perfecta elipse que se cierra, dos voces señalan el paradójico milagro en que se resuelve ese renglón terminal: primero es Keith Jarrett el que sentencia, en calculado contrapunto con la propia Vázquez, que «el silencio es el potencial del que puede surgir la música», como efectivamente ha sucedido en este complejo y surrealista racimo de versos interestelares; y luego, a modo de glosa y remate, Guadalupe Grande deposita en nuestras manos una copia de esa «llave» que puede dar acceso al misterio:

> solo los que se pierden encuentran la última página que
> [ha quedado abierta (

Invito, y animo encarecidamente, a los lectores: tengan el valor de extraviarse, y encontrarán en este libro un hontanar celeste, del que brota y rebrota el agua gimiente y musical de la más acendrada poesía.

ROGER WOLFE
Madrid, abril de 2025

Me gustaría poder hablar así. Me gustaría
poder decir doce cosas a la vez. Me gustaría
decir con una palabra todo lo que se puede
decir. Me horroriza todo lo que puede ocurrir
entre el comienzo y el final de una frase.
LEONARD COHEN

Como sistema de significado, [la astrología] es
una obra de gran creatividad y complejidad,
creada de forma colectiva a lo largo de los
siglos. Se la podría considerar una obra
literaria llena de inspiración que emplea el
cosmos como texto.
ANDREA RICHARDS

[...] la convicción
íntima (mientras un ángel pasa), compartida,
de que hay palabras que no nombran nada y
[por eso son bellas.
EDUARDO FRAILE

Un poema le extirpa a la lengua un
punto real de lo imposible de decir.
ALAIN BADIOU

Papel mojado el deseo,
bajo el azul, vanidad.
RAFAEL BERRIO

[...] el destino
no es la rosa de los vientos es un desvío por obras
PABLO GARCÍA CASADO

Nodo sur

deseé arañar el brillo del metal de la noche y herir a las
    [estrellas hasta que me entregaran de rodillas su llave
deseé colmar mi boca con el oro del tiempo y arder y
        [sonreír un arpegio cíclico de todos los tiempos
deseé romperme y agrietarme antes de admitir las cajas
            [chinas de un fracaso múltiple sucesivo
deseé amasar la muerte para que no acudiese a mi
                [regazo la incertidumbre
deseé negar el fin para ser principio y encrucijada
                  [siempre
deseé tanto y deseé todo
y de qué sirve y de qué sirve cuando
deseé por mil vidas y no he sabido aún vivir por ninguna

Planetas

*Triste cuando deseo y cuando no. Triste cuando con cuerpo y
cuando no. Triste cuando con su sonrisa y cuando no.*
ALEJANDRA PIZARNIK

El deseo duplicado es amor y el amor duplicado es locura.
ANNE CARSON

*Los cuerpos no saben, no saben nunca
del dolor que siembran a su paso.*
ROGER WOLFE

Sol

allegro (sílaba = 225)

>   >
qué he venido a hacer qué he venido a ser
mf

echo en falta los rayos incorruptos recién nacidos de la
                                                    [infancia

antes de que el brillo predominante fuese el neón de los
     diminuendo
                                        [consumos enajenados

el brillo inocente de bastarme a mí misma

          >   >
irradiar sin tiempo sin espacio

          espressivo
ser como sólo sabe ser una niña

en un firmamento de chocolate juegos y páginas

>   >
qué he venido a hacer qué he venido a ser
          crescendo

la única respuesta que me parece verdad

     rit.
es que he venido a apagarme
          diminuendo

Luna

allegro moderato (sílaba = 210)

con anima
los sueños cuelgan como llenos frutos maduros
mp

bajo una noche hipnóticamente inalcanzable

cres.
nos escribimos y duele

nos callamos también duele

esta grieta en la junta que sella la tosquedad de los
mf   [envases

estos dos ríos que al confluir se hieren el uno al otro con
                                                    [sus aguas

las palabras son inútiles si no me dejan nombrar la
                                    [misma realidad que la tuya

                            >
en la menguante realidad mía qué tablero trucado es
                                                    [éste

  >
qué juego macabro es la vida

la inamovible monofásica certeza

con fuoco
saber que un día —hoy,

mañana,

dentro de sesenta años—

voy a irme
p
                    ritardando
con palabras garabateadas como nuevo registro de
                                              [existencia

como negación antigua de dualidad y máscara

esas palabras algún que otro recuerdo frágil en poca
              cres.   >
                                              [gente y qué
a tempo
si en tu viaje también cierto sin duda de ningún modo
                                        [podré acompañarte

la muerte como la forma más común y estándar de
                                              [distancia
y la única innegociable

no como esta brizna apenas de yeso o talco

por ello este principio de fase creciente
mf

sobre una noche hipnóticamente inalcanzable

da igual el tiempo-banca vence siempre la partida

tiro los dados como palabras huecas

el presente es la columna de fuego que subraya la cara
                                              [oculta

y no te alcanzo en el papel ardiente no te alcanzo

calando
mientras ahuyento toda probabilidad de hogar

Mercurio

andantino (sílaba = 180)

                                          la escuela
                                          p

1. [literal]

                              >
no tengo ni idea de quién soy más allá de ser la que
mf   [desea

inútilmente
dim.

                                          alejandrina de
                                          p

2. [doctrinal]

en la correspondencia del negro que no es negro sólo
                              [una doblez de ausencia
              >
soy la peregrinación equívoca del gris de tantos grises
                              [que se doblan

                                          exégesis bíblica
                                          p

3. [profético]
                    >
soy yo la que se queda rota
                        ritardando
pensando en ti con las últimas migajas de luz violeta

                                          también podría
                                          p

4. [filosófico]

a tempo
soy la ilusión de un sueño que se agosta

>

la sequía no es vida pero funda el principio del descanso

analizar tu
p

5. [alegórico-místico]

soy la rosa evocada mancillada en los fonemas en lugar
                    crescendo   >
                                                    [de la rosa real
p
y vulnerable

traje blanco
pp

Venus

moderato (sílaba = 190)

pido
mp

dolce

que todo esté bien como si la paz pudiera ser trazada
    [con escuadra y cartabón en una lámina hecha de
      océano imborrable

que todo esté bien al menos mientras quede un
          [minúsculo sorbo de café en la taza

que todo esté bien mientras las luces de la sala fluyan
          [bajo tierra y no se enciendan aún
          dim.

espressivo
que todo esté bien en el recuerdo de que te quise y ardí

      cresc.
   [y fuimos uno y un manantial nos inscribió la vida
    en el regazo   *mf*
>
pido
      acc.
que todo esté bien alguna vez

> *a tempo*
pido
      >   >   >   *calando*
que todo esté bien aquí sin más y una lágrima de silencio
          [baste

Marte

allegro (sílaba = 240)

>
llevabas una chaqueta roja
ff
  >
y era rojo también el cielo que agredía el mar aquella
                                   [tarde
espressivo
el cielo cierto mirlo que ardía en mí en la guerra que
cres.   [volaba en mí

                       >
con las aladas armas replegadas como las de un pájaro
                             dim.
                   [que ya no va a emigrar
 >   >
era rojo el abrazo que fue y rojos tantos abrazos que no
f   [fueron
    >   >
era roja la antorcha de mis manos y rojo mi corazón
      [absurdo terráqueamente tendido como ofrenda

   >   >   >   >
era rojo el enrejado de palabras que no dije que urgirá
  [que calle más allá de este poema del todo ficcionado

  >
era rojo el destino de amarte para siempre en el siempre
             >   >
       [del viaje que forja a la vez todos
       los conflictos del mundo

>
mientras te sueño de rojo sentado a la orilla de mi cama
                                        >
        [cuando firmas un armisticio imposible y rojo

   >   >   >
y rojo el tren y rojo el mar Rojo contenido en una lágrima
crescendo
                                        >
                        [porque me alejo

   >   >
y rojo mi apuro porque me miras y roja mi cerámica
                           >
                [vergüenza de jarrón que te busca
                cuando tú no lo haces   *rit.*

   > *a tempo*
y rojo mi arsenal incognoscible de una guerra fría de la
                        [que no hablarán los periódicos

                           scherzando
de una guerra que no será televisada —acaso cuándo la
                        [poesía fue televisada—

   >   >
y roja la promesa de verte y roja tu chaqueta
                [esperándome hierática inflamada izada en
                mitad de la plaza de la noche

esperándome como si siempre me hubieras esperado y
                        [siempre fueras a hacerlo
                        ritardando

                   >   *a tempo*
en la trinchera en el altar y roja la mentira

>
y rojos los cielos que han ardido mientras tanto hasta el
>   >
[rojo último que ni siquiera he podido registrar
>   >
por la tormenta roja tras la puerta de Tannhäuser
>
y roja la ficción de este poema la fragua de esta voz un
                                                    rit.
[fractal de mí apenas pero tal vez sea cierto el
desagüe de la sangre que sangra

>   *a tempo*
y rojo el paladar que no sabré a qué sabe
cres.
>
y rojo el amanecer que no veré contigo

>   >
y rojos los futuros incorrectos arrojados a la basura que
[no pasarán tu prueba de la rosa de los vientos

>   >
y roja la fantasía de soñarte otra vez en rojo y la distancia
crescendo
>
[roja y fundar abrazos en fuelles de acordeones
>   >
rojos que enrojecen
fff
con anima
porque me sonríes llevándonos a la destrucción mutua
[asegurada que deseo más que ninguna
otra guerra nunca
rit. molto

a tempo　　　　*con fuoco*　　　　　　　*rit.*
créeme a pesar del rubor lo repito más que ninguna otra
　　　　　　　　　　　　　　　　　　　[guerra nunca

　　　　　　　>　　　　　　>
para que sea rojo otra vez rojo nuestro final
dim.　　　　　　-------　　　　　　　*mf*

　　　　>　*rall.*
y era rojo el final
p

　　　　>　　　　>
y era rojo aquel rojo mundo nuevo
dim. molto　　　　　*smorzando*

◆ 33

Júpiter

allegreto (sílaba = 195)

tr. (de mirlo)

querido dios del mirlo
mf

fuiste sucediste

espressivo

en el rayo de abundancia fluyente en mitad de la calle

irrumpiste en el tiempo recreándolo
crescendo

como inaugura el cielo la golondrina

el rayo es una mujer atravesada por el rayo dijo Cortázar
[de otra forma

y he sido en el cielo a cuadros soy en el cielo a cuadros
[en el rayo y la calma
dolce
en este cielo Tiepolo llorado por los puentes

en la síntesis del todo brota

gracias a ti

la abolición del tiempo y el final de la espera

el final de la lluvia porque fundas en mí la lluvia
cres.

tr. (de mirlo)

fuiste sucediste y aún sucedes
f

>   >   >   *rit.*

lloviéndome llorándome llevándome en un nuevo caudal
dim.   [de descanso

Saturno

vivace (sílaba = 255)

0'00"

un tictac sordo el maestro da la campanada de ausencia
mf

>   >

el maestro pide silencio pide

mi zozobra en la falta de música

en intenciones solemnes que ya no me verás hacer
                                 dim.

0'43"

nada comienza ni siquiera el concierto
mf

           >

tras la muerte nada comienza

lo que parece que empieza tan sólo continúa escribió
p   *mp*
                                   [Bobin

el silencio es un motivo repetido y apenas aprovecho la
            cres.

                         >   >

                [farsa para reiterarte decirte inútilmente
                dim.

0'54"

>   >

nadie interpreta nada ni siquiera tú en los sueños
mf

no hay música en los sueños

el maestro recuerda que ningún límite es bastante

ritardando
y por tanto reclama también silencio en esa jurisdicción

2'02"

a tempo
silencio cascada de límites del tiempo y del espacio
                                   >   >
la vida que falta y la muerte que tanto sobra —sé la
                                              cres.
              [teoría pero da igual lo confieso lo subrayo
                    >
                    la muerte duele y sobra—

2'34"

subrayo el límite sin ti
f
                  >
subrayo este acorde exacto de lo que no sucederá da
                                   >
                    [igual cuánto me duela

un pentagrama

una alambrada de silencio te guarece de todo —de mí
                                   [también— ya siempre
                              dim.

3'15"

el concierto es silencio tu guitarra es silencio
mp

passionato   >
te deseo en silencio te extraño en silencio
                    cres.

reglas paradigmáticas de Hjemslev pero el silencio
                              [eterno universal invariable
    >
es ésa la gran obra del maestro

                         >
de merecida ovación porque dime ahora que la conoces
                                      >
                                    [dime
             dolorosamente
¿hay algo más perfecto que la muerte?
                    dim.
4'23"

el maestro ha dictado sentencia
p

                         ritardando
su batuta pone en relieve el naufragio definitivo de toda
                              [regla de lenguaje

4'33"

el concierto termina

             morendo
no era casualidad el silencio como jaula

Urano

presto con fuoco (sílaba = 290)

>   >   >

cra cra un cuerpo que se rompe que se quie-
ff

                           >

bra a través de unos ojos que se quie-

   ritardando molto   > *acc.*

bra despacio a cámara lenta se quie-
mf

       > *a tempo*

bra se quie-

      >   >   >

bra cra cra cra
  ff

  >

un azul que funda el mundo mientras taladra el mío

   >

un azul que cortocircuita las carreteras radiales de donde
                            diminuendo
                      [alguna vez partió la calma
                             mf

   >   >

un azul que quie-

bra los fundamentos teóricos de las vasijas torpes de
                                      [barro
   rit.

de los bloques de piedra amable como yo
             dim. - - - - - - - - - - - - - - - - *p*

>   > *a tempo*   >
cra cra un cuerpo mi cuerpo que se rompe
ff

que navega náufrago partido en el insomnio de la luz

                                        >
cómo pueden habitar en ti tantos relámpagos y que-

           >
brarme y que-

brarme mientras amanece un neón en la luna
        diminuendo   *mf*

                 ritardando poco
un neón incluso ya aquella vez primera que me tendiste
dim. -
                                       [la mano
                                   - - - - - - *mp*

un neón en cada pétalo de orquídeas que habrán
                       [sobrevivido en un rincón de la Vía Láctea

molto rit.
con pedazos de mí
        p

   >   > *a tempo*   >
cra cra este cuerpo que se rompe que se quie-
ff

bra para después borrarse en el desfile de luces de
                         [nuestro pergamino ilegible

>   >
en qué lengua en qué galaxia sabrán decir las sílabas sin
                                                    >
                                              [que-
brarse

        >   >   >
en qué lugar habremos fundado fundido la versión
          cresc.   [estable del palimpsesto

                    >
la versión a prueba de errores del palimpsesto

  >   >
cra cra

      >   *cresc.*
a prueba de relámpagos

>   >
cra cra

      >   >   >   >   ⌢
a prueba de la quie- de la quie- de la quiebra   ¿
fff

      >   *rallentando*   >   *rall. molto*
a prueba de la muerte que dejas en mí cuando no
mf dim. - - - - - - - - - - - -- - - - ------------ - - - - - - - *p*
                                          [me estás mirando

Neptuno

andante (sílaba = 168)

aguardé	dios nacía en los pájaros	ochenta y ocho
mp		
el infinito	y moría en la luz última	teclas prometían
	cres.	*espr.*
en un mundo	que crepitaba	la verdad
en blanco y	en las crines	al alcance
negro	del horizonte	de los dedos

pero era una verdad galopante desdichada que huyó
lacrimoso
en la intersección del mar

cres.
tocaba

despertar

tocaba

que mi boca
con brio
besase

infatigablemente

el principio

invariante

de la

tierra
mf
tocaba el ruido

en lugar del rezo
rall.
tocaba el ruido
dim.
entrenzado al llanto
—

entrenzado
calando
a un solo

leve

límite
dim. molto
del

llanto
—

Plutón

allegro (sílaba = 240)

todos los puentes se acunan a distancia
mf

           maestoso
mientras las aguas subterráneas escriben las
        [corrientes fundacionales de la ceguera de la
         voluntad acérrima y absurda

en medio de las aguas subterráneas

mis brazos se fatigan se hienden de dolor
                crescendo
   >
y no sé lo que sucede y lo que no sucede
f

     >
pero sé lo que sucede en mí

 >
sé lo que arde en mí

 >   *passionato*
sé los huesos que parten al decirse y se vuelven
              [migajas de dolor polvo de ausencia

 >
sé la alquimia evanescente que corretea intangible
                     [por mi carne

las aguas subterráneas lavan lo superfluo y sale a
                  [flote la verdad

llevo inscritas todas las certezas del mundo

>
pero de qué sirve el grabado que nadie puede tocar
                            [nadie contempla

llevo inscritos todos los miedos del mundo

>
pero de qué sirve llevar esta coraza de la noche que
         [se desprende de la cuna y no deja mecerse

llevo inscrita toda la voluntad de la tierra

>
pero de qué sirven estas manos que se pudrirán sin
                [haber abrazado el deseo más puro

habré ardido en lo más hondo en lo importante
ff

habré ardido

habré sido

habré sido aunque nadie lo sepa

Signos

Lo terrible es el borde, no el abismo.
PIEDAD BONNETT

Qué lejos de aquí los días
que fueron como nidos.
OLVIDO GARCÍA VALDÉS

¿Qué es lo que me exhorta a seguir
contando y dando cuenta?
CHANTAL MAILLARD

Dijera lo que dijese, nunca era suficiente o demasiado poco. Dijera lo que dijese, no me callaba, eso es, no me callaba.
SAMUEL BECKETT

I

tampoco dice
su diafragma averiado
niega la puerta
no logra decir nunca
ser torpeza tan |sólo|
　　　　　　|solo|

Surgen las primeras yemas, densas, apretadas alrededor de una verdad
todavía demasiado frágil para ser dicha.
CHRISTIAN BOBIN

II

observa el brote
intuye la verdad
pero no |basta|
     |salta|
pues la vida sucede
como un corzo a destiempo

El poema es el amor realizado del
deseo que permanece como deseo.
RENÉ CHAR

III

en las palabras
la distancia se quiebra
deseo fútil
|manchado| con las sílabas
|planchado|
en papel expirante

IV

cómo cuidar
desde el |cortocircuito|
          |torpe circuito|
desde el destierro
tras su caparazón
una luz inasible

Uno siempre está solo
pero
a veces
está más solo.
IDEA VILARIÑO

V

está más solo
lo has buscado le dicen
pero no es cierto
en mitad de la |escena|
                  |espina|
la muerte se autoalumbra

*Escribir es siempre aceptar el
riesgo de decirlo todo, incluso
—y sobre todo— sin saberlo.*
JULIO CORTÁZAR

VI

anhela huir
al orden de la página
secar las flores
que sueña el gasoducto
para un jardín sin |riesgo|
|riego|

VII

para el tropiezo
a sí mismo se basta
reflejo de piedra
la interacción |herida|
                |querida|
erige el equilibrio

Una espina es una espina es una espina
y dura mucho más que la rosa precaria.
IDA VITALE

VIII

tiempo precario
ni siquiera el |deseo|
            |dedal|
florece a tiempo
se adueñan del jardín
el dolor y la muerte

El cielo es todo aquello
que no puedo alcanzar.
EMILY DICKINSON

IX

quiere decir
juega a los balbuceos
dispara el arco
siempre vence el |camino|
                    |casino|
y el lenguaje no alcanza

Toda declaración de amor es
urgente porque vamos a morir.
RAÚL ZURITA

X

lleva un registro
inútil de la tierra
|por qué| la vida
|porque|
ha pasado el amor
ha pasado de largo

*Si algo se logra a pesar de todo, es un milagro, y
es probable que ningún libro nazca intacto y sin
deformidades, tal como fue concebido.*
VIRGINIA WOOLF

XI

interferencias
la red es una red
es una red
el barranco |reptil|
           |repite|
la caída no acaba

Si consigues pasar,
encontrarás detrás, una tras otra, las puertas que elegiste.
OLGA OROZCO

XII

se atreve a fluir
y armoniza el lenguaje
él es la llave
que inventa cada |puerta|
               |puente|
y el silencio al fin basta

Casas

las casas también suenan:

https://raquelvazquez.es/casas

*Que no existan certezas absolutas no quiere
decir que podamos prescindir de la
cuestión de la verdad.*
JORGE RIECHMANN

*bebo la sábana de los sacrificios y bebo el
[amor que salpica sueño
pero de qué nos sirve.*
BLANCA ANDREU

*Reescribiendo la espiral
de prometer hacerlo bien,
de cometer un nuevo error,
de no saber pedir perdón
o pedirlo demasiadas veces.*
NACHO VEGAS

1

Am
en este baile de máscaras cómo
ahuyentas el espejo cómo
reconoces la piel última cómo
barres el polvo que entrecorta el camino cómo

G
radiografías el horizonte si lo hieres de espaldas
el rayo verde estaba ahí se abría desde el cueto el rayo
[verde y no lo viste

en el baile de máscaras sacudes
Am
tus ramas por si algo sucede aparte de la destrucción
[degustación descamación sucesivas
llevas toda la baraja de hojas del dolor
se las muestras al mundo sólo a medias

Dm
querida jugadora al solitario
querida amante de paredes tiernas
querida coleccionista de cegueras y picaportes
que sólo abren los sótanos

Am
en este baile de máscaras donde
irrumpe una verdad pero no la reconoces donde
irrumpe la verdad y tus huesos pasan de largo
en este baile de máscaras cómo

G
dices recordar el rayo verde que no viste
la mano que acariciaste pensando en otra vida que
[nunca será la tuya

Am
la sonrisa que dejaste olvidada en la taquilla a la hora de
[hacer la compra
recuerdas el futuro a tus espaldas recuerdas

```
Dm                          Em
el rayo verde que no viste eres el rayo
verde que nadie contempla
                                      Am
el horizonte al que no sabes llegar el rayo verde
     G              Am
se apaga eres el rayo verde y jamás aún te has mirado
```

2

```
Fm              Eb              Db      Eb
```
guardas con llave incluso las derrotas
```
Fm              Eb              Db      Eb
```
te aferras a la transformación constante
```
Ab              Eb
```
alquimista convicta
```
Ab              Eb
```
malversadora de sueños
```
Db      Ab                      Eb          Db
```
fundes estaño para urdir tus tenazas anacrónicas
```
Ab      Eb          Db      Ab      Eb      Db
```
das tantas vueltas tantas vueltas a las cosas que las
```
                                        Ab  Eb
```
[gastas que las haces caer
```
Fm  Eb      Db          Ab  Eb      Fm
```
tanto tiempo al reloj que la vida pasa de largo
```
Eb                      Db                  Eb
```
tu antorcha es delicada pero no sueltas el fuego no
```
                                        [sueltas
```
```
        Fm
```
el dolor
```
        Db          Ab          C7      Fm
```
temes ser una matrioska si el dolor no te colma
```
        Db          Ab          C7      Fm
```
temes no poder nombrarte si el dolor no te colma
```
        Db                      Ab
```
temes que nadie pose sus ojos sobre el vacío incipiente
```
                                C7      Fm
```
[si el dolor no te colma


```
        Db          Ab          C7      Fm
```
temes que tu deseo se pudra a la vez que el dolor

```
          Db                     Ab                    C7
temes que sólo permanezca en ti un día nublado e
                                                Fm
                            [intercambiable
          Db               Ab      C7
en el que ya no estés para decirlo y poseerlo
          Db              Ab   Db C7 Fm
en el que ni siquiera estés para llorarlo
```

3

Bm
no puedes decir
      F#m7   Em7   Bm
la realidad sucede al otro lado
   F#m7   Em7   Bm
la vida sucede al otro lado
                A   Bm
mercadera de ideas en el rastro ilusionista
     D   A
acaso hay alguna idea todavía planchada
                       G   D
en el armario alguna idea esperándote en la tienda
                                               [alguna idea
A   Bm   A   Bm
cocodrílica como la copa maltrecha de un ciprés

y en el ciprés el columpio que te mece que te calme
                                             [que te lleve
                  A
a viajar sin desplazarte
                                Bm
columpio de palabras vaivén de compraventa
                                      D
haces malabares manoseas las palabras cambia la
                                           [realidad
                       A   G   D
acaso dónde está la paloma acaso dónde está el aplauso
         A Bm
dónde la verdad que arraigue

que ilumine
                           D   A
quieres decir y sólo dice la paloma que no llega que
                                       Bm
                                   [no basta

el aleteo de sílabas la verdad hecha de cesura un
          A G
          [deseo hendido
       Bm
por el mismo hemistiquio de siempre
     A
lo que eres se pudre
 Bm   A
el simulacro monopoliza la sucesión de palabras
         Bm
mercadera que abrazas el cocodrilo
  A Bm
que besas el silencio
   F#m7 Em7
que te mece el columpio
   Bm   A   D
no es la verdad no hay verdad
   Bm   A   Bm
pero te inventas juegos fonéticos suficientes
 Amdim Bm A D
no es la verdad no hay verdad
   Bm   A   Bm
pero te inventas que el viento la pronuncia

4

Fm#   Bm   A   C#7 Fm#
un mosaico de adioses de despedidas obtusas y roncas
                   Bm   A
un mosaico de adioses que asedian los laberintos
             C#7   Fm#
                [fanáticos con sus muros henchidos
  E   A
si vivimos el tiempo suficiente
      C#7   Fm#
seremos maestros del arte de la despedida
     E   A   C#7
conoceremos el precio de sobrevivir
  D   C#7   Fm#
el peaje de dar vueltas al sol aún
  D   C#7 Fm#
el peaje de ser eslabón aún
  Bm   C#7
el peaje de rendir honor a los ancestros antes de
                           Fm#
                [acompañarlos para siempre
       D   C#7   Fm#
mientras tus lágrimas sellan el trato
         D   C#7   Fm#
mientras te empachas de magdalenas en este adiós
                    [sucesivo
  E   A
si vivimos el tiempo suficiente
  C#7   Fm#
nos habremos quedado sin palabras
  E   A
pues serán demasiadas las mudeces
    D   C#7   Fm#
mientras el féretro baja y golpea con inercia las paredes
                        [grises

```
        D       C#7           Fm#
```
mientras el cemento fija con vulgar proeza el gozne del
```
                                          [abismo
                D      C#7          Fm#
```
mientras las consignas viciadas y vacías hacen que la
```
                        Bm                Fm#
```
                      [muerte se disfrace de más muerte
```
      Bm Fm#     Bm       Fm#      Bm
```
todo ello suma el mosaico de adioses en paredes
```
                                          Fm#
```
                                [desconchadas
```
        Bm      Fm#   Bm        A       E
```
bajo las uñas sobrevive esa roña esa verdad que arañas
```
                                          Fm#
```
                                [que no aceptas
```
        E              A
```
si vivimos el tiempo suficiente
```
                C#7                   Bm C#m Fm#
```
habremos dicho adiós más de lo soportable

5

C#m   G#m   A
quieres llegar a lo más hondo igual que la oropéndola
                                        E   G#m
                              [dorada amasija los árboles
C#m   G#m
clocharde que habitas la tierra insomne
                                   A
la intemperie desnuda donde las musas llegan por fibra
          E   G#m   C#m   G#m
          [óptica sólo a veces y casi siempre la interferencia
                                   A
          la inexactitud del brillo trasquilado
          E   G#m   C#m
quieres abrazar el brillo y también la canción
                   G#m
posarte de rodillas como harías ante la golondrina de Fra
                                                      A
                                                [Angelico
                        E
clocharde con alas de golondrina entre el dorado y el
                             G#m   C#m
                              [pigmento de milagro azul
          G#m   A
quieres clavarle los ojos a un torrente hervido de
                                             [palabras
          E   G#m   C#m
seducir con el vuelo arquear la mirada de lo posible
                                             [llegar
                   G#m
al núcleo del significado sin arder ni quemarte
A
cómo decir cómo
E   G#m   C#m
no arder quién atiende si no la lumbre quién

                        G#m   A
troquela el significante puedes hacerlo puedes partir en
                                              [dos esa intemperie
E
acaso
            G#m   C#m
puedes partir el tiempo sin partirte
      G#m
partir hacia la lumbre
              A   E   G#m
sabes bien que partir siempre nos parte
C#m   G#m
aceptas el juego aceptas el jugo el yugo
A   E   G#m
partir siempre nos parte
              C#m   G#m
elevas los ojos a la incertidumbre no son azules no
                          A   E
      [pueden ser azules clocharde querida pero en ellos
      G#m   C#m   G#m
te partes y en sus astillas comienza el desierto y el
                                                            A
                                          [destierro pero en ellos
E   G#m   C#m
te partes y comienza tu hogar

6

Gm   Eb   Dm7/F
el cuerpo se desmiembra se desgrana
Gm   Eb
habita en ti una bandada de estorninos que reflejan la
         D   Gm
       [geometría inalcanzable o la nostalgia de los
         Eb   Dm7/F
       ángeles hechos de papel de estraza
Gm   Eb
habita en ti el incendio en la pausa del café que no es
                                 D
       [pausa del café
Gm   Eb   Dm7/F
habita en ti la épica a la hora de hacer la cama o lavarte
                              [los dientes
Gm   Eb
siempre la siembra y la cosecha y un abismo sin escuadra
                               D
       [ni cartabón entre ambos
Gm   Eb
siempre la rutina en un folio engurruñado del que nace
           Dm7/F
       [una paloma herida que sobrevuela con
       Gm   Eb
       violencia el primer bostezo de la mañana
  D   Gm
habita en ti el muro desplegado que convalidas por las
           Eb   Dm7/F
       [alas autómatas que te llevan al mismo sitio a
       Gm
       cada instante
              Eb
el dolor que exhala el cuerpo

```
            D                          Gm
el recuerdo consagrado en un altar en decadencia en
                                          [ruinas
                Eb          Dm7/F              Gm
el calendario cuyo tronco las ardillas recorren de arriba
                                          [abajo
                Eb              D
del que afloran verdades como nueces
    Gm                                         Eb
el equilibrio impertinente como una voz en off disuade
                                       Dm7/F
                                [disuelve el clímax
   Gm                                  Eb      D
la salud quimérica en cadenas infinitas de montaje qué
                                          [habita
Gm
en ti sino el plan perverso
Eb   Dm7/F          Gm                 Eb
qué habita en ti sino el final sin descanso ni principio
D        Gm              Eb        Dm7/F
qué habita en ti sino el amor sino l - amor - taja sino la
                                          Gm
                                       [muerte
```

7

D#m   B   D#m
eres la que añora y poco más

para qué has ardido para qué recuerdas ahora
       C#   D#m
la luz del sur y su deseo
          B   D#m
el norte que ya no existe que sólo existió como
                              [cortocircuito larvario

          C#
temeraria soñadora de puentes
          B   D#m C#   D#m
dónde está el otro dónde estás tú acaso ocaso de ti
                              [misma

                B
el sol se pone y desmiembra
       D#m
las migajas de unos sueños que brotaron como frutos
                         [caducos

C#   D#m
la hoz en las raíces y en la boca
           B   D#m
mientras el resto son falacias fruslerías que alguien
                  [colecciona en un rincón equidistante
       C#   B
mientras añoras no ser el puente que abrace a la vez
                      D#m   C#   D#m
                [todos los puntos cardinales
      C#   B   D#m
has ardido en mitad de las orillas
      C#   B   F#
para celebrar —aunque todavía no lo sepas— el centro
      C#   B   D#m
para saber al menos el inicio de algo

8

Bbm   Ebm   F7   Bbm
esperas en la habitación vacía
                   Ebm   F7
una rueda de energía ahuyenta el oxígeno abraza los
                                            Bbm
                                    [extremos del aire
               Ebm   F7   Bbm
comprendes que son muertos que van a decirte algo
               Ebm   F7   Bbm
la fuerza te derriba caes de rodillas al suelo
           Ab   Fm
no eres capaz de despegar la cabeza de la baldosa fría
          Ab
ves con nitidez la luz
          Fm   F7
una luz entre azul y violeta
Bbm   Db   F7   Bbm   Db
la luz se convierte en una baraja de cartas que suceden a
                            F7   Bbm
                                  [gran velocidad
Db   F7
muestran un paisaje montañoso nubes de tormenta
                                       Bbm
                             [rocas algún caballo
       Ebm   F7   Bbm
tienes miedo de encontrar allí retratada tu propia culpa
                            [tu culpa ancestral
       Ebm   F7   Bbm
tienes miedo de encontrar allí retratada tu propia
                                    [muerte
       Ebm   F7
tienes miedo a mirar

                         Bbm
soñadora en sueños penitentes no elegidos
               Ebm   F7   Bbm
las cartas se detienen tú te levantas ya puedes hacerlo
               Ebm   F7   Bbm
pero el ojo izquierdo no se abre ya no puedes abrirlo
        Ebm   F7
se ha sellado en el contacto con el suelo con la baldosa
                                     Bbm
                                   [fría
              Ebm   F7
la habitación vacía se derrama en el ojo que sí tienes
                                   Bbm
                                  [abierto
        Ebm   F7   Bbm
esperas en la habitación vacía
          Eb   F7   Bbm
a despertar a volver a creer en la levedad del párpado

9

Em7   Cmaj7
qué es suficiente qué es bastante
            Am
arrojas migajas por toda la ciudad
            B7   Em7
tu deseo ocupa demasiadas baldas en el armario
                                    Cmaj7
tu deseo ocupa demasiadas baldosas amarillas en el
                                                            [suelo
                Am   B7
has callado ya por mil galaxias por mil siglos
            Em7   Cmaj7
has sido bloque de tierra amable por mil galaxias por mil
                                                            [siglos
Am   B7
ahora te realizas en el viaje tu hogar son
            Em7   Cmaj7
los campos de trigo que verdeguean que se tuestan con
                    Am   B7
            [amapolas que se vuelven insulsos y marrones
                        Em7
            que verdeguean de nuevo cuando la escarcha lo
Cmaj7
            permite
                        Am   B7
y te permites ir hambrienta de viaje de deseo
                                    Em7
de correspondencia sí de correspondencia
                        Cmaj7
porque ya has deglutido todos los esquejes a partir de
                                            Am
                                    [las semillas de su falta

```
B7                              Em7
```
cuántos párpados vas a arrancarte hasta que sólo llores
```
                              Cmaj7
```
[lo justo aquí y ahora
```
        Am                  B7              Em7
```
sin contradicciones ni incoherencias lo justo aquí y ahora
```
Cmaj7                    Am              B7          Em
```
hasta que renuncies a que te duela todo en todas partes

10

```
G#m     F#       B                    C#m
```
oteas el mundo como un iceberg extraviado en la
```
                                              G#m
```
                                            [multitud
```
         F#                  B
```
quieres brillar y te disuelves
```
         F#                  B          F#      G#m
```
quieres brillar y derrapas regueros de heridas
```
         F#                  B                F#      B
```
quieres brillar y sólo balbuceas el principio del frío
```
         F#                  B                F#      B
```
quieres brillar y no basta ningún sol para abrigarte
```
         D#m              C#m
```
iceberg querido quieres brillar
```
         D#m                            C#m
```
iceberg querido que te crees cielo pero tu hogar es el
```
                                  D#m      F#      G#m
```
 [naufragio es el agua velada que no transige apariencias
```
         F#                           B
```
quieres brillar impulsado por tu muelle de orgullo
```
F#      G#m
```
iceberg querido
```
              F#                      B
```
tu brillo está en la grieta que denigras
```
         C#m                          G#m
```
las aguas cubren el cielo mecen el cielo
```
         F#       B       C#m
```
da vértigo tu silencio tallado con la azada
```
G#m                           F#
```
tu silencio hecho de tierra
```
         B                  C#m          G#m
```
iceberg querido odiado impostor de ángeles y profetas

```
        F#                        B
que no miras aquello que te guarda
        C#m                       B                C#m
que niegas más veces que el apóstol lo que tienes debajo
                        G#m
y no haces más que caer
```

tejes la red hasta lo más hondo la red de
que ya ningún nuevo nudo sea posible a
al funámbulo que no pisará jamás la
cayendo naufragando en tierra
nadie navega tejes y tila
espejo tejes y tejes
sangre hasta la

taza de café

vacía

en

paz

(poema dispuesto en espiral; textos en los márgenes, leídos en distintas orientaciones:)

una araña cafeinómana la red de una araña pinta a recibir a
lo más hondo de lo posible a lo más hondo tejes por
red pero la amará desde lo platónico por si y por la
firme por si alguien estuviera naufragando hacia ti
anhelas se la red se rompe tejes y tila
hasta lo más hondo hasta
hasta clavarte al mar se
clavarte los ojitos
si quieres romperte y que
si algún lugar algún infante
de acróbatas por si Ítaca no se
si la conexión por si un parche al llanto
como su red de araña cafeinómana tejes cada
por si cantaras el llanto
hubiera cantado suficiente por si aún no estuvieras
ten sólo en algún lugar eterna red tejes y
la red holográfica se demostrara
por si conectas el llanto a Penélope a la paciencia
a lo más hondo la red a lo más hondo la red hasta
nudo a lo más hondo la red a lo más hondo la red hasta

12

Dm
las ardillas te sirven en bandeja las alas
ves a gente querida
      C
sus palabras
empequeñecen la mancha negra que resiste a la derecha
                        [de la imagen
Dm
tu rostro antiguo sucede en realidad todos
                        C
los rostros los tiempos suceden a la vez sobre el agua del
                                 [caldero
                        Dm
ese tiempo de vejez ha llegado es una frecuencia
              [inalcanzable pero pertenece a este acorde
                  C
tus abuelos te sonríen bajo un cerezo en flor
los pétalos dialogan con el viento la belleza fría se
                          Dm
                [templa en las palabras
te sientas a la mesa con alguien a quien quisiste
              C
tus anhelos en bandeja todavía tus brazos saben ser el
                        Dm
            [maestro sastre para ese cuerpo
hace frío al despertar te inquieta esa mancha
              C
pero le has dicho claramente que todavía te queda
                        [tiempo aquí
las personas que quieres te guardan en la distancia
          Dm
seguirás volando aquí te aferras al turquesa es la forma
                            C
            [verdadera de esas alas

porque caben en ti todos los bosques

                                    Bm
la vibración de seis cuerdas se cobija en un árbol
                        F
la vida se deshoja dices adiós y los ojos se cierran en este
            C   Bb
    [invierno que sólo es un invierno más lo que
                Dm   F
    sucede un invierno más antes de que todo
            C   Dm
    vuelva a abrirse

Nodo norte

(doce tonalidades en el | silencio | de la página)
| blanco |

permanece la luz última
derramada en mí como un gigante
el viaje termina
la red se teje sin orgullo
el viaje termina el viaje hacia dentro hacia lo hondo
                [hacia reconocerme hacia mostrarme
mostrar lo que soy el grito auténtico el silencio auténtico
el grito de Altazor se desmiembra como el agua que
                    [gime por las fuentes
el agua que soy
todas las piezas encajan en el blanco todo es el blanco
el resto es silencio dijo Shakespeare pero no
todo es silencio
todo ha terminado antes del principio
todo es muerte naciendo
deseé por mil vidas y han sido todas en esta primera
todo ha sucedido para siempre
Kybalión abrázame grita el principio
de correspondencia
antes de que el silencio necesario anegue nuestros ojos
                      [de gigante
Kybalión preciso todas las vidas en ésta toda la muerte
                      [en ésta
todo es correcto todo alcanza lo hondo
los errores son correctos el dolor es correcto

alguien dicta hacia lo más hondo alguien duerme en lo
[más hondo
no esta escriba no esta página no este pájaro ni resto de
[esdrújulas demiúrgicas
es 27 de diciembre de 2018 son todos los finales hoy es el
[comienzo mismo
es la nada una respiración contiene el mundo en silencio
[es germen del lenguaje deseé
y en lo hondo está la respuesta la luz derramada en mí
[como un gigante
el mundo existe en silencio y el silencio basta
para anclarme al mundo
permanece la luz última y el poema sigue
porque aún no ha comenzado
porque la vida es jurisdicción de lo invisible y el silencio

ÍNDICE

Nodo norte se terminó de imprimir el 14 de mayo de 2026.
Ese mismo día del año 530 a. C. imaginaba Pitágoras, por
una ventanita, la voz de los astros y compensaba número y
música. Nacía la *musica universalis* (o la armonía de las esferas),
que sostiene que los planetas se mueven según ecuaciones
matemáticas y, por lo tanto, resuenan para producir una sinfonía
musical inaudible: la voz de las estrellas. Como el amor, todo lo
que se mueve en círculos es armonioso.

◆◆◆